提升公路连续长陡下坡路段安全通行能力专项行动技术指南

主编单位：交通运输部公路科学研究院

中交第一公路勘察设计研究院有限公司

人民交通出版社股份有限公司
China Communications Press Co.,Ltd.

图书在版编目(CIP)数据

提升公路连续长陡下坡路段安全通行能力专项行动技术指南/交通运输部公路科学研究院,中交第一公路勘察设计研究院有限公司主编. — 北京:人民交通出版社股份有限公司,2019.4

ISBN 978-7-114-15447-8

Ⅰ.①提… Ⅱ.①交…②中… Ⅲ.①公路运输—交通运输安全—指南 Ⅳ.①U491.4-62

中国版本图书馆 CIP 数据核字(2019)第 058079 号

Tisheng Gonglu Lianxu Changdou Xiapo Luduan Anquan Tongxing Nengli Zhuanxiang Xingdong Jishu Zhinan

书　　名:	提升公路连续长陡下坡路段安全通行能力专项行动技术指南
著 作 者:	交通运输部公路科学研究院
	中交第一公路勘察设计研究院有限公司
责任编辑:	吴有铭　李　沛
责任校对:	刘　芹
责任印制:	张　凯
出版发行:	人民交通出版社股份有限公司
地　　址:	(100011)北京市朝阳区安定门外外馆斜街 3 号
网　　址:	http://www.ccpress.com.cn
销售电话:	(010)59757973
总 经 销:	人民交通出版社股份有限公司发行部
经　　销:	各地新华书店
印　　刷:	北京市密东印刷有限公司
开　　本:	880×1230　1/16
印　　张:	3
字　　数:	50 千
版　　次:	2019 年 4 月　第 1 版
印　　次:	2019 年 4 月　第 1 次印刷
书　　号:	ISBN 978-7-114-15447-8
定　　价:	40.00 元

(有印刷、装订质量问题的图书,由本公司负责调换)

交通运输部办公厅关于发布《提升公路桥梁安全防护能力专项行动技术指南》和《提升公路连续长陡下坡路段安全通行能力专项行动技术指南》的通知

交办公路〔2019〕44号

各省、自治区、直辖市、新疆生产建设兵团交通运输厅(局、委):

为有效开展提升公路桥梁安全防护能力和公路连续长陡下坡路段安全通行能力专项行动,保障实施效果,经交通运输部同意,现将《提升公路桥梁安全防护能力专项行动技术指南》和《提升公路连续长陡下坡路段安全通行能力专项行动技术指南》予以发布。各单位要注意结合实际,加强研究,提炼经验,积极与指南编制单位进行互动交流,发现问题及时反馈。指南编制单位要注意收集指南使用情况,加强技术指导。

部公路局联系电话:010-65292746。

《提升公路桥梁安全防护能力专项行动技术指南》编制单位:部公路科学研究院,电话:010-82051994、82059974(传真),邮箱:yong.li@rioh.cn。

《提升公路连续长陡下坡路段安全通行能力专项行动技术指南》编制单位:部公路科学研究院,电话:010-82019640、62370567(传真),邮箱:jm.wu@rioh.cn;中交第一公路勘察设计研究院有限公司,电话:029-88390348、029-88390348(传真),邮箱:843532171@qq.com。

附件:1. 提升公路桥梁安全防护能力专项行动技术指南
   2. 提升公路连续长陡下坡路段安全通行能力专项行动技术指南

交通运输部办公厅
2019年4月11日

前　言

公路安全，是指公路本身静态的安全及整个路网运行的安全。公路安全与交通安全密切相关，但不能等同于交通安全。交通安全是一个由人、车、路、管理和环境等要素共同构成的"安全生态系统"，系统中任何一个要素的行为或性质发生变化都对整个交通安全产生影响。国内外交通事故统计分析表明，驾驶人超速、超载等违法行为以及货运车辆改装和制动系统技术状况不良，是连续长陡下坡路段事故多发的主要致因。因此，需要从多方面采取综合管控措施解决连续长陡下坡路段事故多发问题。其中，为进一步提高公路连续长陡下坡路段基础设施安全保障能力，交通运输部立足于行业职责，根据"交通强国"建设相关要求，从系统安全角度出发，决定在全国开展提升公路连续长陡下坡路段安全通行能力专项行动。

为落实专项行动方案要求，指导专项行动的实施，交通运输部公路局组织编制了《提升公路连续长陡下坡路段安全通行能力专项行动技术指南》（以下简称《指南》）。《指南》依据相关标准规范，在充分吸收国家科技支撑计划项目"山区公路网安全保障技术体系研究与示范工程"等研究成果的基础上，结合国内公路连续长陡下坡路段实际和国内外工程实践经验，提出了提升公路连续长陡下坡路段安全通行能力专项行动的总体要求、实施步骤、提升方案、施工与验收、总结与评估等内容，并给出了综合处治案例。

各地各相关部门可根据当地实际情况使用，并将使用过程中发现的问题或建议反馈至交通运输部公路局（地址：北京市建国门内大街11号，邮编：100736，电话：010-65292746）或交通运输部公路科学研究院（地址：北京市海淀区西土城路8号，邮编：100088，电话：010-82019640）、中交第一公路勘察设计研究院有限公司（地址：陕西省西安市雁塔区西高新科技二路63号，邮编：710075，电话：029-88390348），以便进一步修改和完善。

主编单位：交通运输部公路科学研究院
　　　　　　中交第一公路勘察设计研究院有限公司
参编单位：北京交科公路勘察设计研究院有限公司

云南省交通投资建设集团有限公司
北京中交华安科技有限公司
北京深华达交通工程检测有限公司
重庆交通大学

编写人员：吴京梅　刘建蓓　邬洪波　郭腾峰　周荣贵　靳媛媛
　　　　　李　冰　骆中斌　矫成武　张志伟　周志伟　陈宏云
　　　　　陈　瑜　周　建　狄胜德　杨曼娟　李　伟　张建军
　　　　　唐琤琤　李国峰　刘洪启　刘兴旺　许　甜　张　杰
　　　　　单东辉　冯移东　晁　遂　葛书芳　张绍理　何　勇
　　　　　米晓艺

目 录

1 总则 ··· 1
　1.1 目的 ·· 1
　1.2 适用范围 ·· 1
　1.3 提升路段 ·· 1
　1.4 实施目标 ·· 2
　1.5 实施原则 ·· 2
　1.6 相关标准 ·· 2
2 总体要求 ··· 3
　2.1 一般规定 ·· 3
　2.2 实施步骤 ·· 4
3 方案与设计 ··· 6
　3.1 一般规定 ·· 6
　3.2 交通管理措施 ·· 6
　3.3 工程技术措施 ·· 8
4 施工与验收 ··· 13
　4.1 工程施工 ·· 13
　4.2 工程验收 ·· 13
5 总结与评估 ··· 15
　5.1 实施总结 ·· 15
　5.2 效果评估 ·· 15
附录 A 基础资料清单 ·· 17
附录 B 相关设施验收要求 ·· 23
附录 C 处治案例 ·· 31

附 提升公路桥梁安全防护和连续长陡下坡路段安全通行能力专项行动方案 ········· 38

1 总则

1.1 目的

为指导全国"提升公路连续长陡下坡路段安全通行能力专项行动"的开展,制定本指南。

1.2 适用范围

本指南适用于高速公路、一级公路和国省道二、三级公路。

1.3 提升路段

综合考虑公路等级、事故指标、线形指标与货车比例,公路连续长陡下坡安全通行能力提升路段分为Ⅴ、Ⅳ、Ⅲ、Ⅱ、Ⅰ五类,见表1-1。

表1-1 公路连续长陡下坡安全通行能力提升路段分类

类别	公路等级	判定标准		
		事故指标	线形指标	货车比例
Ⅴ	高速公路、一级公路		平均坡度和连续坡长大于表1-2对应指标	—
Ⅳ	国省道二、三级公路		任意3km平均坡度大于5.5%	—
Ⅲ	高速公路、一级公路	任意3km范围近3年内发生3起及以上涉及货车制动失效死亡事故[①]	平均坡度和连续坡长小于或等于表1-2对应指标,但总坡长大于3km、平均坡度大于3%,且平均坡度与连续坡长乘积大于165	—
Ⅱ	国省道二、三级公路		任意3km平均坡度小于或等于5.5%,但总长大于3km、平均坡度大于3%,且平均坡度与连续坡长乘积大于165	—

续上表

类别	公路等级	判定标准		
		事故指标	线形指标	货车比例
I	高速公路、一级公路	—	平均坡度和连续坡长大于表1-2对应指标	货车自然数车型比例大于20%
	国省道二、三级公路	—	任意3km平均坡度大于5.5%	

注：①无法获得货车制动失效事故数据时，可按"任意3km范围近1年内发生3起及以上涉及货车的死亡事故"执行。

表1-2　高速公路、一级公路连续长陡下坡路段的平均坡度与连续坡长

平均坡度(%)	<2.5	2.5	3.0	3.5	4.0	4.5	5.0	5.5	6.0
连续坡长(km)	不限	20.0	14.8	9.3	6.8	5.4	4.4	3.8	3.3
相对高差(m)	不限	500	450	330	270	240	220	210	200

1.4　实施目标

提升公路连续长陡下坡路段安全通行能力专项行动，以"管理有力、措施到位、控制有效"为目标，提升公路基础设施安全保障水平。

1.5　实施原则

提升公路连续长陡下坡路段安全通行能力专项行动，应坚持"科学排查、分类处治、部门联动、综合施策"的原则，注重人、车、路、管理的系统协调，分类提出提升方案，提高公路连续长陡下坡路段基础设施安全保障能力。

1.6　相关标准

提升路段存在隧道、桥梁时，除应符合本指南的要求外，尚应结合《公路隧道提质升级行动技术指南》《提升公路桥梁安全防护能力专项行动技术指南》相关要求执行。

2 总体要求

2.1 一般规定

1 公路连续长陡下坡路段安全通行能力提升，应综合采取交通管理措施和工程技术措施。

1）Ⅴ、Ⅳ类连续长陡下坡路段应采取交通管理措施与工程技术措施并重的方案。

2）Ⅲ、Ⅱ类连续长陡下坡路段应以交通管理措施为主，并设置必要的交通工程设施。

3）Ⅰ类连续长陡下坡路段应核查并完善交通工程设施。

2 交通管理措施的制定与实施，应结合交通事故致因，强化驾驶行为与车辆的路面管控。

1）当路网具备分流条件时，可采取重型货车绕行其他线路的分流管理措施。

2）利用坡顶服务区、停车区、货车检查站、收费站、治超站等场区，加强对重型货车及驾驶人的管理，重点管控比功率小于 7kW/t 或未加装制动缓速器的重型货车。有危化品运输的线路，应加强危化品运输的安全管理。

3）通过区间测速与单点限速的方式加强速度管理，限速值应综合考虑货车载重、道路条件、气候环境等因素确定。

4）加强对高速公路硬路肩的执法，保证硬路肩应急功能的正常发挥。

3 工程技术措施应按本指南要求制定提升方案并组织实施。

1）配合交通管理措施，完善既有的工程技术措施。

2）核查视距视区、路面抗滑、防护能力等关键指标，对不满足技术规范要求的路段采取针对性措施。

3）综合考虑道路线形与事故特征、路侧地形条件、桥隧结构物位置以及视距要求等因素，论证货车检查站、货车停车区(点)、避险车道设置的合理性或可行性。

4 在满足安全和使用功能的条件下，鼓励采用经过充分论证的新技术、新材料、新工艺、新产品。

5 按本指南要求提升的同时，交通运输主管部门应书面报告同级人民政府，并抄送相关行业主管单位，从驾驶人、货运车辆等多方面进行源头治理。

6 公路管养单位应组织对排查结果、提升方案和设计文件进行审查。

7 对情况复杂、涉及因素多、分析难度大的路段，公路管养单位宜委托有经验的机构开展排查评估、形成提升方案。

8 工程实施后，鼓励对总体安全效果、措施有效性、投资效益和项目目标实现情况等进行综合评估、持续改进提升。

9 在使用本指南时，含有"应"的表述为基本要求，正常情况均应满足，如有不具备执行条件、实施后可能出现新问题等特殊情况，应由管养单位组织专家论证报上级主管部门，经同意后可不执行。表述中含有"宜"的为推荐性建议，可结合连续长陡下坡路段实际情况，综合考虑功能需求、实施条件、经济水平等因素，自行采用。

2.2 实施步骤

公路连续长陡下坡路段安全通行能力提升行动应按照"排查与分类""方案与设计""施工与验收""总结与评估"四个阶段实施，如图 2-1 所示。

1 排查与分类

按本指南表 1-1 开展排查工作，并对连续长陡下坡路段进行分类，形成五类提升路段清单台账。

2 方案与设计

根据五类提升路段清单，制订实施计划，明确提升规模、实施顺序、资金需求和各阶段时间节点。按本指南附录 A 收集交通事故、基础设施、交通量、运行速度和车辆组成、构造物及沿线设施、环境等相关资料，研究确定路段的提升方案，完成工程设计。专项行动实施计划函告公安交通管理部门。提升方案中涉及的交通管理措施提请政府组织有关部门实施。

3 施工与验收

管养单位组织施工与验收，验收不合格的项目及时整改，确保工程质量。

1）管养单位应加强实施过程中的工程质量控制和监督检查。

2）施工期间应进行交通组织设计，加强施工安全保障，降低施工对路网运行的影响，保证现场施工人员和过往车辆的安全。

4 总结与评估

提升实施完成后，对实施情况进行总结，分析存在问题，提出持续改进的工作建议。鼓励适时开展实施效果评估，对照"管理有力、措施到位、控制有效"的目标，依据调查数据做出客观评价。

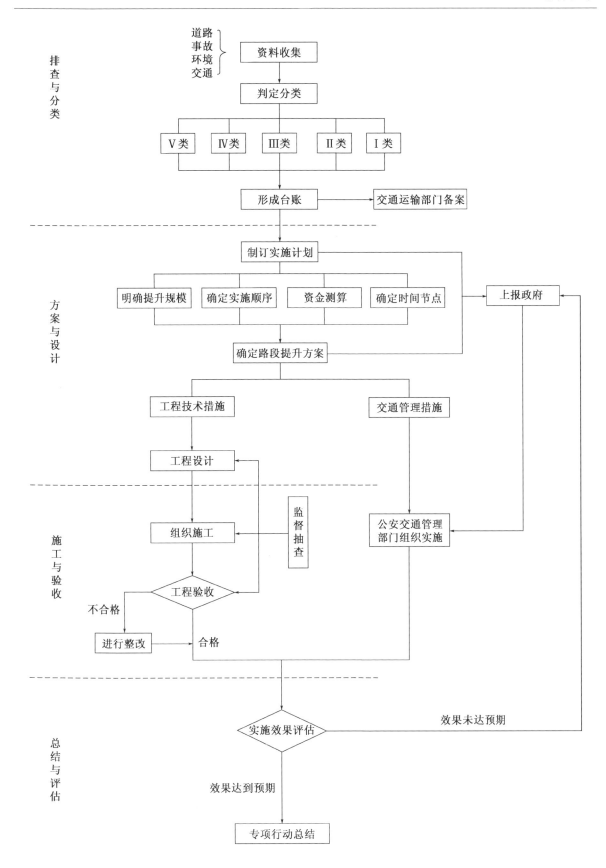

图 2-1 公路连续长陡下坡路段安全通行能力提升行动实施步骤

3 方案与设计

3.1 一般规定

1 公路连续长陡下坡路段安全通行能力提升,应根据提升路段分类进行综合治理。

2 应按照坡前上游路段、坡顶起始路段、坡中路段和坡底路段四个区段,分段采取交通管理措施和工程技术措施。

3 应结合事故情况、平纵线形、路侧条件、车辆组成等因素的分析,论证改善或增设避险车道、货车检查站、货车停车区(点)等工程技术措施的可行性,以及护栏改造的必要性。

4 方案设计应重点关注小半径曲线路段、隧道、桥梁、各类检查站、收费站、互通立交、平面交叉及村镇等人口密集区段。

5 应加强坡前、坡顶、坡中、坡底及低限指标路段的风险预警,同步强化区间速度管控。

3.2 交通管理措施

提升路段交通管理措施的选用,应按表 3-1 执行。

表 3-1 公路连续长陡下坡路段交通管理措施

分 段	提升建议	类 别				
		V	IV	III	II	I
坡前上游路段	①货车车况检查	●	●	○	○	—
	②宣传教育与风险提示	★	★	●	●	○
坡顶起始路段	①速度管理标志	★	★	★	★	●
	②区间测速(开始)	★	★	●	●	○
	③电子警察(限速、车道管理)	★	★	●	●	—

续上表

分段	提升建议	类别				
		V	IV	III	II	I
坡中路段	①速度管理标志	★	★	★	★	●
	②电子警察(限速、车道管理)	★	★	●	●	—
坡底路段	①速度管理标志	★	★	★	★	●
	②区间测速(结束)	★	★	●	●	○
	③电子警察(限速、车道管理)	★	★	●	●	—

注：表中带"★"的措施为应选措施，带"●"的措施为宜选措施，带"○"的措施为可选措施，带"—"为不需选用的措施。

3.2.1 货车车况检查

设置货车检查站时，宜强制货车进站。检查货车车况，包括制动、转向、灯光等涉及行车安全的装置。

3.2.2 宣传教育与风险提示

在货车检查站、服务区、停车区，通过安全宣传栏、宣传单、广播等形式告知驾驶人前方连续长陡下坡路段特征、风险警示和安全操作等信息。

当冬季路面存在凝冻、冰雪时，提示货车控制下坡速度，并严禁车辆使用淋水降温措施。

3.2.3 速度管理

1 区间测速系统设置在坡顶起始路段500m范围内，以控制车辆下坡速度。

2 坡中小半径曲线路段、隧道、桥梁、互通立交、平面交叉及村镇前，定点设置限速标志和测速抓拍设备。

3 区间测速结束位置设置在坡底附近。

4 分车重建议速度标志适用于10km以上的连续长陡下坡路段。

3.2.4 违法行为管理

需设置电子警察时，宜结合隧道、学校、村镇、急弯陡坡、平面交叉口等位置提前设置。

3.3　工程技术措施

提升路段工程技术措施的选用，应按表 3-2 执行。

表 3-2　公路连续长陡下坡路段工程技术措施

分　段	提　升　建　议	类　别				
		V	IV	III	II	I
坡前上游路段	①长陡下坡预告标志	★	★	●	●	○
	②可变信息标志	★	○	●	○	—
	③货车检查站	●	○	●	○	—
坡顶起始路段	①长陡下坡标志	★	★	★	★	★
	②货车低挡下坡等告示标志	★	★	●	●	○
坡中路段	①长陡下坡余长标志	★	★	●	●	○
	②可变信息标志	★	○	●	○	—
	③结构物或低限指标路段警告标志及路面减速设施	★	★	★	★	★
	④货车停车区(点)	●	○	○	○	—
	⑤重点区段提高路面抗滑性能	★	●	★	○	—
	⑥护栏改造	设置要求见本指南第 3.3.3 节第 6 条				
	⑦增设或改造避险车道	设置要求见本指南第 3.3.3 节第 7 条				—
	⑧货车制动安全预警系统	○	○	—	—	—
坡底路段	①结构物或低限指标路段警告标志及路面减速设施	★	★	★	★	★
	②长陡下坡结束标志	★	★	★	★	★
	③重点区段提高路面抗滑性能	★	●	★	○	—
	④护栏改造	设置要求见本指南第 3.3.4 节第 4 条				
	⑤增设或改造避险车道	设置要求见本指南第 3.3.4 节第 5 条				—

注：表中带"★"的措施为应选措施；带"●"的措施为宜选措施，带"○"的措施为可选措施，带"—"为不需选用的措施。

3.3.1 坡前上游路段

距坡顶 2km 范围内的坡前上游路段，采用工程技术措施应符合下列要求：

1 长陡下坡预告标志

在货车检查站前，或在坡顶上游路段设置长陡下坡路段预告标志。标志内容包括距下坡起点的距离，长陡下坡的坡度、坡长等信息。

2 可变信息标志

设置在货车检查站前适当位置，显示前方路况交通信息与管控措施。

下游设置多个避险车道时，宜对避险车道进行编号，利用可变信息标志，发布前方避险车道占用信息。

3 货车检查站

综合考虑事故情况、货车比例、路侧条件等因素，论证设置货车检查站的必要性。货车检查站设置于坡顶前上游 2km 范围内，并配套设置预告标志和标线。

1）货车检查站出入口应满足识别视距要求，距隧道口、互通立交宜大于 1km。

2）货车检查站变速车道的长度、横断面、端部设计宜符合现行《公路路线设计规范》(JTG D20)中互通立交的相关规定，条件受限时，应增加必要的限速控制等交通管理措施。

3）货车检查站的用地规模和停车场地的面积根据需求和实际条件确定。可设置管理用房、停车场、室内或室外休息区、加水点、货车制动力检测设施。

4）货车检查站和停车区(点)内宜通过宣传栏、宣传册，采取图表、图片、文字说明等形式，告知驾驶人下游连续长陡下坡路段的道路状况、严禁空挡下坡等操作建议。

3.3.2 坡顶起始路段

坡顶至下游 3km 处范围内的起始路段，采用下列工程技术措施：

1 长陡下坡标志

距坡顶 500m 范围内，设置含有连续长陡下坡的坡度、坡长信息的告示或警告标志。

2 货车低挡下坡等告示标志

距坡顶 1.5km 附近设置货车低挡下坡等告示标志，如图 3-1 所示。

3.3.3 坡中路段

坡顶下游 3km 处至坡底上游 2km 处范围内的路段，采用下列工程技术措施：

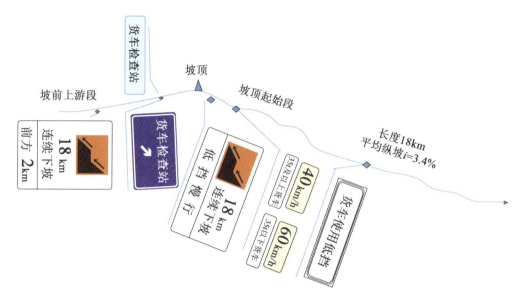

图 3-1 坡前上游、坡顶起始路段标志布置示意图

1 长陡下坡余长标志

坡中缓坡路段处，在适当位置设置长陡下坡剩余长度的警告或告示标志。对于 10km 以上的长陡下坡路段，每隔 3~5km 重复设置。

2 可变信息标志

坡中缓坡路段处，设置预告路况和交通信息的可变信息标志。

设置多个避险车道时，对避险车道进行编号，利用可变信息标志，发布前方避险车道占用等信息。

3 结构物或低限指标路段警告标志及路面减速设施

在收费站、检查站、隧道、学校、村镇、急弯陡坡、平面交叉口等路段之前，设置相应警告标志、诱导设施和路面减速设施。

4 货车停车区(点)

坡长路段超过 15km 时，在坡中缓坡位置，结合路侧地形条件论证设置货车停车区(点)。

5 重点区段提高路面抗滑性能

隧道洞口内外侧各 3s 设计速度行程长度范围内路段、急弯陡坡路段的路面抗滑指标低于"良"等级时，采取相应措施提高路面抗滑性能。

6 护栏改造

1）近 3 年内曾发生过车辆驶出路外或驶入对向行车道事故的路段，应进行路段线形指标、路侧条件、货车车辆组成与载重、气象环境等因素的综合分析，按照现行规范要求增设护栏或改造现有护栏，提高防护能力。

2）Ⅴ类、Ⅲ类路段中央分隔带开口应设置满足现行规范要求的活动护栏或经论证后采用中央分隔带护栏封闭。

3）鼓励采用经过安全性能评价的减速消能护栏等新型护栏结构形式。

7　增设或改造避险车道

1）论证避险车道设置的必要性和可行性。

2）应分析评估既有避险车道的使用情况，不能满足现状需求的应进行完善和改造。

3）避险车道的轮廓应清晰可见，使驾驶人能够准确判断避险车道的位置。

8　货车制动安全预警系统

货车制动安全预警系统设置在货车停车区（点）前 2km 范围内。

3.3.4　坡底路段

坡底上游 2km 处至坡底范围内的路段，采用下列工程技术措施：

1　结构物或低限指标路段警告标志及路面减速设施

在坡底接收费站、检查站、隧道、学校、村镇、急弯陡坡、平面交叉口等路段之前，设置相应警告标志、诱导设施和路面减速设施。

2　长陡下坡结束标志

在坡底处设置公路连续长陡下坡路段结束标志。

3　重点区段提高路面抗滑性能

隧道洞口内外侧各 3s 设计速度行程长度范围内路段、急弯陡坡路段的路面抗滑指标低于"良"等级时，采取相应措施提高路面抗滑性能。

4　护栏改造

1）近 3 年内曾发生过车辆驶出路外或驶入对向行车道事故的路段，应进行路段线形指标、路侧条件、货车车辆组成与载重、气象环境等因素的综合分析，按照现行规范要求增设护栏或改造现有护栏，提高防护能力。

2）Ⅴ类、Ⅲ类路段中央分隔带开口应设置满足现行规范要求的活动护栏或经论证后采用中央分隔带护栏封闭。

3）鼓励采用经过安全性能评价的减速消能护栏等新型护栏结构形式。

5　增设或改造避险车道

1）论证避险车道设置的必要性和可行性。

2）应分析评估既有避险车道的使用情况，不能满足现状需求的应进行完善和改造。

3）避险车道的轮廓应清晰可见，使驾驶人能够准确判断避险车道的位置。

坡中、坡底路段交通安全设施布置示意图如图 3-2 所示。

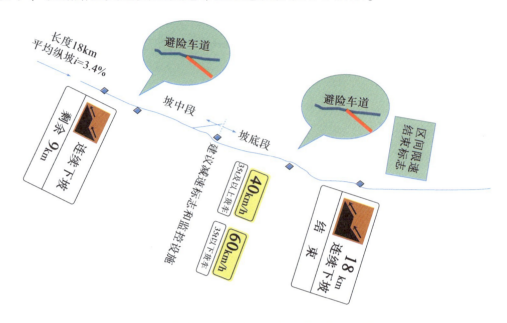

图 3-2　坡中、坡底路段交通安全设施布置示意图

4 施工与验收

4.1 工程施工

1 施工应参照现行《公路交通安全设施施工技术规范》(JTG F71)的规定执行。

2 施工应符合设计文件的规定。

3 施工相关单位应做好施工准备、技术交底和施工组织工作。

4 施工相关单位应文明施工,安全生产,严格遵守安全操作规程,加强安全生产教育,建立和健全安全生产管理制度。

5 施工应采取措施降低或减少环境污染,保护环境。

4.2 工程验收

1 工程项目应在实施完成后6个月之内完成验收。

2 工程验收应具备下列条件:

1)合同约定的各项内容已完成,各方就合同变更内容达成书面一致意见。

2)经设计单位检查工程建设内容已满足设计要求、具备使用功能。

3)施工单位按本指南附录B对工程质量自检合格。

4)若开展了监理咨询,监理单位对工程质量评定合格。

5)完成全部技术档案和施工管理资料整理归档。

6)完成财务决算。

7)各施工单位完成工作总结报告。

3 工程验收主要工作内容:

1)检查合同执行情况。

2)查阅设计、施工、监理单位(若有)提交的相关资料。

3)抽查实体工程建设情况与工程设计的一致性。

4)核查工程完工数量是否与设计文件相符,是否与工程计量数量一致。

5）给出工程质量是否合格的验收结论。

4 工程所使用的设施产品应符合设计要求和现行标准规范规定的质量标准要求。工程验收时，工程质量的实测项目及要求可参见本指南附录 B。

5 验收不合格的项目，应由施工单位负责整改。

5 总结与评估

5.1 实施总结

1 提升公路连续长陡下坡路段安全通行能力专项行动实施后应进行实施情况总结，形成实施总结报告。

2 实施总结报告应对照提升公路连续长陡下坡路段安全通行能力专项行动确定的工作目标，包括但不限于下列内容：

1）工作成效。包括工程实施数量、资金投入、实施效果等。

2）主要措施和经验。包括组织实施方式、制度建设、资金保障、排查评估、计划安排、项目管理、工程技术措施、可推广的经验等。

3）实施过程中存在的问题与不足，采取的解决措施。

4）下一步工作建议。

5.2 效果评估

5.2.1 评估要求

1 实施效果评估一般在项目施工完成后 1 年内开展。管养单位应在工程实施前组织开展效果评估前期工作。

2 实施效果评估内容包括总体评估和安全设施有效性评估。有条件时，可开展社会评估。

3 评估报告的主要内容包括：工程实施的总体情况、效果评估工作过程、数据收集和分析情况、总体评估、重点安全设施有效性评估、社会评估（如有）、评估结论和完善建议等。

4 管养单位将评估结果上报至交通运输主管部门和政府安委办。

5.2.2 评估资料收集

1 实施前路段的基本情况，包括技术参数、交通情况、环境情况、交通事故情况、相关部门对公路情况的评价和实施建议等。除文字记录外，有条件的宜对实施前的情况进行照片或视频记录。

2 实施情况资料，包括有关设计论证材料、实施工程数量、具体实施地点、实施时间以及措施内容、单价、数量等。除文字记录外，有条件的宜对重点实施过程进行照片或视频记录。

3 实施后的公路和路段情况，有关数据和记录宜与实施前的进行对应。

4 实施工作社会效果分析，包括有关新闻报道材料、社会反响材料等的收集，有条件的还可进行专门的公众满意度调查分析。

5 采集需要的其他技术指标。

5.2.3 总体评估

1 评估内容：工程实施前后，安全风险水平变化情况；采取的主要技术措施、交通管理措施；实施经验总结。

2 评估方法：风险评估。

3 评估指标：交通事故指标（交通事故的发生起数、死亡人数、受伤人数、直接财产损失等）、风险等级、交通量、交通组成、运行速度等。

5.2.4 安全设施有效性评估

1 评估内容：连续长陡下坡路段重点设置的安全设施使用效果。

2 评估方法：现场观测。

3 评估指标：运行速度、行车轨迹指标、冲突指标、投入产出比等。

5.2.5 社会评估

1 评估内容：道路使用者对连续长陡下坡路段行车安全的需求和期望；对实施工作的感受、评价和满意程度；意见和建议。

2 评估方法：问卷调查，收集新闻报道和社会反响材料。

3 评估指标：社会公众满意度。

附录 A 基础资料清单

收集公路交通事故资料、基础设施资料、交通量、运行速度和车辆组成资料、构造物及沿线设施、环境资料等。资料收集格式见表 A-1～表 A-5。

1 交通事故资料

收集近 3 年公路连续长陡下坡路段涉及货车制动失效的交通事故资料，每一条事故记录应包含事故时间、地点、事故车型、事故形态、事故等级等信息。按路线汇总统计，并按照本指南第 1 章的要求判别是否为事故多发点段。无法提供交通事故数据或提供的数据不能满足要求时，纳入 Ⅰ 类提升路段。

2 基础设施资料

公路连续长陡下坡路段的基础设施资料包括：

1）公路连续长陡下坡路段施工图、竣工图设计文件中的设计说明、平面图、纵断面图、横断面图，直线、曲线及转角表，纵坡、竖曲线表，交通工程设施及避险车道设计文件等。

2）大中修、安全改造等技术文件。

3）养护管理的相关文件（现有交通工程设施的损坏情况、避险车道使用情况等）。

4）已有的公路安全性评价报告。

5）1 年内最近一次路面抗滑性能检测报告等。

3 交通量、运行速度和车辆组成资料

近 3 年公路连续长陡下坡路段交通量、典型断面运行速度、交通组成、货车比例、危化品车辆、校车、旅游巴士车辆通行情况等。

4 构造物及沿线设施

公路连续长陡下坡路段坡中、坡底位置构造物及沿线设施的布设情况，包括收费站、检查站、隧道、桥梁、互通式立交出口、平面交叉等。

5 环境资料

公路连续长陡下坡路段存在局部团雾、凝冰、雪等不利气象情况；路侧是否有悬崖、深谷、深沟、环境敏感点、村镇密集区、高速铁路、高压输电线塔、危险品储藏仓库等。

表 A-1 交通事故资料

连续长陡下坡路段信息				近3年内涉及货车制动失效的死亡事故或近1年内涉及货车的死亡事故					
所属路线编号	技术等级	设计速度（km/h）	路段起点桩号	路段终点桩号	事故时间	事故桩号	天气情况	事故原因	事故形态	事故等级

填表说明：

1. 技术等级：(1) 高速公路；(2) 一级公路；(3) 二级公路；(4) 三级公路。
2. 路段起点桩号、路段终点桩号：填写整个连续长陡下坡路段的起点和终点桩号，例如 K327+500。
3. 只填写下坡方向事故车型涉及货车且造成人员死亡的事故。
4. 事故时间：例如 2018-04-02，或 2018-04-02 10:40:00.0。
5. 事故桩号：例如 K330+200。
6. 天气情况：用文字描述，如晴、阴、雨、雪、雾、大风、其他。
7. 事故原因、事故形态：用文字描述。
8. 事故等级：(1) 重大事故；(2) 特大事故。

表 A-2 基础设施资料

所属路线编号	技术等级	设计速度(km/h)	连续长陡下坡路段信息					路面抗滑性能		现有防护设施采用标准及防护等级			避险车道		
			路段起点桩号	路段终点桩号	相对高差(m)	连续坡长(km)	平均坡度(%)	最大纵坡(%)	小半径曲线桩号	1年内最近一次路面技术状况检测时间(年/月)	路面抗滑性能评定结果	中分带护栏	路侧护栏	桥梁护栏	设置桩号	设置位置	近3年内驶入车辆总数

填表说明：
1. 小半径曲线桩号：填写半径小于现行规范规定的一般值的曲线起点止点桩号范围，例如 K330+000～K330+400。
2. 1年内最近一次路面抗滑性能检测时间：填写到年/月，例如 2018/06。
3. 路面抗滑性能评定结果：用文字描述隧道出入口、急弯陡坡等重点区段的路面抗滑性能评定结果。
4. 现有防护设施采用标准及防护等级：用文字描述。
5. 避险车道设置桩号：例如 K330+200。
6. 避险车道设置位置：(1) 坡中；(2) 坡底。

表 A-3 交通量、运行速度和车辆组成资料

连续长陡下坡路段信息					交通量、运行速度和车辆组成信息									
所属路线编号	技术等级	设计速度（km/h）	路段起点桩号	路段终点桩号	年平均日交通量（自然数，辆/日）	运行速度（km/h）						货车自然数所占比例（%）	通行危化品车辆平均数（辆/日）	是否通行校车	通行旅游巴士平均数（辆/日）
						坡顶		坡中		坡底					
						小客车	大货车	小客车	大货车	小客车	大货车				

填表说明：
1. 年平均日交通量：采用交调站（点）数据。无交调站（点）数据时，可采用类似路段上一年度年平均日交通量或按高峰小时 60min 观测交通量×10 估计。
2. 运行速度：85 百分位车速。
3. 是否通行校车：（1）是；（2）否。

表 A-4 构造物及沿线设施

连续长陡下坡路段信息					构造物及沿线设施						
所属路线编号	技术等级	设计速度（km/h）	路段起点桩号	路段终点桩号	收费站	检查站	隧道		桥梁		互通式立交出口	平面交叉
							起点桩号	终点桩号	起点桩号	终点桩号		

填表说明：

构造物及沿线设施：填写桩号。

表 A-5 环 境 资 料

连续长陡下坡路段信息				气象环境	路侧计算净区范围内				建筑控制区范围内	
所属路线编号	技术等级	设计速度（km/h）	路段起点桩号	路段终点桩号	是否存在局部团雾、凝冰、雪等不利气象情况	是否有30m以上的悬崖、深谷、深沟	是否有水深1.5m以上水域	是否有铁路	是否有一级及以上公路	是否有村镇密集区	是否有高压输电线塔	是否有危险品储藏仓库

填表说明：

路侧计算净区宽度计算方法见《公路交通安全设施设计规范》（JTG D81—2017）附录 A。

附录 B 相关设施验收要求

1 应按基本要求、实测项目、外观质量等检验项目分别检查。

2 应对基本要求逐项检查，经检查不符合规定时，不得进行工程质量的检验评定。

3 实测项目检验应符合下列规定：

1）应对检查项目按规定的检查方法和频率进行随机抽样检验，并计算合格率。

2）应按下式计算检查项目合格率：

$$检查项目合格率(\%) = \frac{合格的点(组)数}{该检查项目的全部检查点(组)数} \times 100$$

4 实测项目中检查项目合格判定应符合下列规定：

1）关键项目（在检查项目项次后以"△"标识）的合格率不得低于95%，不符合要求时该检查项目应为不合格。

2）一般项目的合格率应不低于80%，不符合要求时该检查项目应为不合格。

5 外观质量应进行全面检查，并满足规定要求。对于明显的外观缺陷，施工单位应进行整修或返工处理，然后进行评定。

6 检验项目不合格的，应进行整修或返工处理直至合格。

7 工程质量评定合格应同时符合下列规定：

1）检验记录应完整。

2）所含实测项目的质量均应合格。

3）外观质量应满足要求。

8 评定为不合格的工程，经返工、加固、补强或调测，满足设计要求后，可重新进行检验评定。

B.0.1 交通标志

1 交通标志应符合下列基本要求：

1）交通标志的加工、制作应符合现行《道路交通标志和标线 第2部分：道路交通标志》(GB 5768.2)和《道路交通标志板及支撑件》(GB/T 23827)的规定。

2）交通标志的位置、数量及安装角度应符合设计要求；版面信息不得被遮挡。

3）交通标志及支撑件应安装牢固。

2 交通标志实测项目应符合表 B-1 的规定。

表 B-1 交通标志实测项目

项次	检 查 项 目	规定值或允许偏差	检查方法和频率
1△	标志面反光膜逆反射系数（cd·lx^{-1}·m^{-2}）	满足设计要求	逆反射系数测试仪：每块板每种颜色测3点
2	标志板下缘至路面净空高度（mm）	+100，0	经纬仪、全站仪或尺量：每块板测2点
3	柱式标志版、悬臂式和门架式标志立柱内边缘距土路肩边缘线距离（mm）	满足设计要求	尺量：每处测1点
4	立柱竖直度（mm/m）	3	垂线法：每根柱测2点
5	基础顶面平整度（mm）	4	尺量：对角拉线测最大间隙，每个基础测2点
6	标志基础尺寸（mm）	+100，-50	尺量：每个基础长度、宽度各测2点

3 交通标志更换、增设外观质量应符合下列规定：

交通标志在安装后标志面及金属构件涂层应无损伤。

B.0.2 交通标线

1 交通标线应符合下列基本要求：

1）交通标线的颜色、形状和设置位置应符合现行《道路交通标志和标线 第 3 部分：道路交通标线》（GB 5768.3）的规定和设计要求。

2）交通标线的材料应符合设计要求和现行《路面标线涂料》（JT/T 280）、《路面标线用玻璃珠》（GB/T 24722）、《路面防滑涂料》（JT/T 712）的相关规定；局部补划的交通标线材料及形状宜与相邻路段原有交通标线一致。

3）交通标线施划前路面应清洁、干燥、无起灰。

4）反光标线玻璃珠应撒布均匀，施划后标线无起泡、剥落现象。

2 交通标线实测项目应符合表 B-2 的规定。

表 B-2 交通标线实测项目

项次	检查项目			规定值或允许偏差	检查方法和频率
1	标线线段长度（mm）	6 000		±30	尺量：每1km测3处，每处测3个线段，至少测1处；间断标线抽检10%
		4 000		±20	
		3 000		±15	
		2 000		±10	
		1 000		±10	
2	标线宽度（mm）			+5，0	尺量：每1km测3处，每处测3点；至少测1处
3△	标线厚度（干膜，mm）	溶剂型		不小于设计值	标线厚度测量仪或卡尺：每1km测3处，每处测6点；至少测1处
		热熔型		+0.50，-0.10	
		水性		不小于设计值	
		双组分		不小于设计值	
		预成型标线带		不小于设计值	
		突起型	突起高度	不小于设计值	
			基线厚度	不小于设计值	
4	标线横向偏位（mm）			≤30	尺量：每1km测3处，每处测3点；至少测1处
5	标线纵向间距（mm）	9 000		±45	尺量：每1km测3处，每处测3个线段；至少测1处
		6 000		±30	
		4 000		±20	
		3 000		±15	
6△	逆反射亮度系数 R_L(mcd·m^{-2}·lx^{-1})	非雨夜反光标线	Ⅰ级 白色	≥150	标线逆反射测试仪：每1km测3处，每处测9点；至少测1处
			Ⅰ级 黄色	≥100	
			Ⅱ级 白色	≥250	
			Ⅱ级 黄色	≥125	
			Ⅲ级 白色	≥350	
			Ⅲ级 黄色	≥150	
			Ⅳ级 白色	≥450	
			Ⅳ级 黄色	≥175	
		雨夜反光标线	干燥 白色	≥350	
			干燥 黄色	≥200	
			潮湿 白色	≥175	
			潮湿 黄色	≥100	
			连续降雨 白色	≥75	
			连续降雨 黄色	≥75	

续上表

项次	检查项目			规定值或允许偏差	检查方法和频率
6△	逆反射亮度系数 R_L(mcd·m^{-2}·lx^{-1})	立面反光标记	干燥 白色	≥400	标线逆反射测试仪：每1km测3处，每处测9点；至少测1处
			干燥 黄色	≥350	
			潮湿 白色	≥200	
			潮湿 黄色	≥175	
			连续降雨 白色	≥100	
			连续降雨 黄色	≥100	
7①	抗滑值 BPN	抗滑标线		≥45	摆式摩擦系数测试仪：每1km测3处；至少测1处
		彩色防滑路面		满足设计要求	

注：①抗滑标线、彩色防滑路面测量抗滑值。

3 交通标线外观质量应符合下列规定：

交通标线线形不得出现设计要求以外的弯折。

B.0.3 波形梁钢护栏

1 波形梁钢护栏符合下列基本要求：

1）波形梁钢护栏产品应符合现行《波形梁钢护栏》（GB/T 31439）的规定。

2）波形梁钢护栏各构件的安装应满足设计要求，波形梁板、立柱和防阻块不得现场焊割和钻孔，波形梁板应沿行车方向平顺搭接。

3）路肩和中央分隔带的土基压实度不应小于设计值。

4）石方路段和挡土墙上护栏立柱的埋深及基础处理应满足设计要求。

5）护栏的端头处理及护栏过渡段的处理应满足设计要求。

2 波形梁钢护栏实测项目应符合表B-3的规定。

表B-3 波形梁钢护栏实测项目

项次	检查项目	规定值或允许偏差	检查方法和频率
1△	波形梁板基底金属厚度(mm)	符合GB/T 31439标准规定	板厚千分尺、涂层测厚仪：抽查板块数的5%；至少测1块
2△	立柱基底金属壁厚(mm)	符合GB/T 31439标准规定	千分尺或超声波测厚仪、涂层测厚仪：抽查2%；至少测1处
3△	横梁中心高度(mm)	±20	尺量：每200m每侧测1处；至少测1处
4	立柱中距(mm)	±20	尺量：每200m每侧测1处；至少测1处

项次	检查项目	规定值或允许偏差	检查方法和频率
5	立柱竖直度(mm/m)	±10	垂线法：每200m每侧测1处；至少测1处
6	立柱外边缘距土路肩边线距离(mm)	≥250 或不小于设计要求	尺量：每200m每侧测1处；至少测1处
7	立柱埋置深度(mm)	不小于设计要求	尺量或埋深测量仪测量立柱打入后定尺长度：每200m每侧测1处；至少测1处
8	螺栓终拧扭矩	±10%	扭力扳手：每200m每侧测1处；至少测1处

3 波形梁钢护栏外观质量应符合下列规定：

1）护栏各构件表面应无漏镀、露铁、擦痕。

2）护栏线形应无凹凸、起伏现象。

B.0.4 混凝土护栏

1 混凝土护栏应符合下列基本要求：

1）混凝土护栏的地基承载力应满足设计要求。

2）混凝土护栏块件标准段、混凝土护栏起终点的几何尺寸应满足设计要求。

3）混凝土护栏预制块件在吊装、运输、安装过程中，不得断裂。

4）各混凝土护栏块件之间、护栏与基础之间的连接应满足设计要求。

5）混凝土护栏的埋入深度、配筋方式及数量应满足设计要求。

6）混凝土护栏的端头处理及护栏过渡段的处理应满足设计要求。

2 混凝土护栏实测项目应符合表B-4的规定。

表B-4 混凝土护栏实测项目

项次	检查项目		规定值或允许偏差	检查方法和频率
1	护栏断面尺寸(mm)	高度	±10	尺量：每200m每侧测1处；至少测1处
		顶宽	±5	
		底宽	±5	
2	横向偏位(mm)		±20或满足设计要求	尺量：每200m每侧测1处；至少测1处

续上表

项次	检 查 项 目	规定值或允许偏差	检查方法和频率
3①	基础厚度(mm)	±10%H	过程检查,尺量:每200m每侧测1处;至少测1处
4△	护栏混凝土强度(MPa)	满足设计要求	按《公路工程质量检验评定标准 第一册 土建工程》(JTG F80/1—2017)附录D检测
5	混凝土护栏块件之间的错位(mm)	≤5	尺量:每200m每侧测1处;至少测1处

注:①H为基础的设计厚度。

3 混凝土护栏外观质量应符合下列规定:

1)混凝土护栏表面的蜂窝、麻面、裂缝、脱皮等缺陷面积不得超过该面面积的0.5%;深度不得超过10mm。

2)混凝土护栏块件的损边、掉角长度每处不得超过20mm。

3)护栏线形应无凹凸、起伏现象。

B.0.5 中央分隔带开口护栏

1 中央分隔带开口护栏应符合下列基本要求:

1)中央分隔带开口护栏的防护等级应满足设计要求,安全性能应符合现行《公路护栏安全性能评价标准》(JTG B05-01)的规定。

2)中央分隔带开口护栏的安装及与中央分隔带护栏过渡段处理,应满足设计要求并符合施工技术规范的规定。

3)中央分隔带开口护栏在使用时,应易于开启、移动方便。

2 中央分隔带开口护栏实测项目应符合表B-5的规定。

表B-5 中央分隔带开口护栏实测项目

项次	检 查 项 目	规定值或允许偏差	检查方法和频率
1	高度(mm)	±20	尺量:每处测5点
2△	涂层厚度(mm)	满足设计要求	涂层测厚仪:每处测5点

B.0.6 轮廓标

1 轮廓标应符合下列基本要求:

1）轮廓标产品应符合《轮廓标》(GB/T 24970)的规定。

2）柱式轮廓标的基础混凝土强度、基础尺寸应满足设计要求。

3）轮廓标的布设应满足设计要求。

4）轮廓标应安装牢固，色度性能和光度性能应满足设计要求。

2 轮廓标实测项目应符合表 B-6 的规定。

表 B-6 轮廓标实测项目

项次	检查项目	规定值或允许偏差	检查方法和频率
1	安装角度(°)	0~5	花杆、十字架、卷尺、万能角尺；抽查5%
2	反射器中心高度(mm)	±20	尺量：抽查5%
3	柱式轮廓标竖直度(mm/m)	±10	垂线法：抽查5%

3 轮廓标外观质量应符合下列规定：

轮廓标表面应无污损。

B.0.7 避险车道

1 避险车道应符合下列基本要求：

1）避险车道基床、排水应符合设计要求。

2）制动床铺装材料与级配应满足设计要求。

2 避险车道实测项目应符合表 B-7 的规定。

表 B-7 避险车道实测项目

项次	检查项目	规定值或允许偏差	检查方法和频率
1	避险车道宽度(m)	满足设计要求	尺量：每道测5个断面，引道入口处设测点
2	制动床长度(m)	满足设计要求	尺量：每道测3处
3	制动床集料厚度(m)	满足设计要求	尺量：每道测5处
4	坡度(%)	满足设计要求	水准仪：每道测3处

B.0.8 货车检查站和停车检查区

1 货车检查站和停车检查区的出入符合设计要求，对主线交通无不良影响。

2 停车检查区停车位便于车辆停入和驶出。

B.0.9 路面防滑

1 基本要求

1）路面抗滑性能符合相应的路面养护规范的要求。根据事故情况、弯道半径、运行速度等条件需改进抗滑性能的路段可以相应地提高要求。

2) 路面标线抗滑性能宜不低于路面抗滑性能要求。

2　检测项目

1) 薄层铺装表面任意点的抗滑摆值 BPN 不小于 45。

2) 路面拉毛或机具压槽等抗滑措施,其构造深度不小于 0.5mm。

附录C 处治案例

C.1 工程概况

C.1.1 路段类别判定

某二级公路,设计速度60km/h,现状路基宽12.0m,路面宽11.4m,路肩石宽2×0.3m。公路连续纵坡长度8.082km,平均坡度3.01%,未超出规范界定的"任意连续3km路段的平均纵坡不宜大于5.5%"的连续长陡下坡阈值规定。根据公安交通管理部门提供的交通事故数据,该路段近3年内发生5起涉及货车制动失效死亡事故。综合判断属于Ⅱ类公路连续长陡下坡路段。

C.1.2 交通特征

该路段通客运班车,车辆组成中货车占49%,部分货车存在超载现象。双方向小型车的运行速度均超过80km/h,大型货车运行速度超过70km/h。

C.1.3 事故分析

公安交通管理部门提供的事故资料显示:该路段双向事故数明显不均,下坡方向的事故数是上坡方向的6倍。其中35%的事故是由于货车在弯道路段制动失效导致。此外,由于半挂失控、坠崖、冰雪路段车辆失控导致的交通事故占22%。

C.2 事故风险

本项目下坡起始点位于K76+092,下坡路段终点位于K84+174,路段平均坡度-3.01%,坡长8.082km。该下坡路段平均纵坡$p=3.01\%>3\%$,且$d \cdot p = 250.5 > 165$。

根据货车制动性能热衰退规律,当制动器温度上升到200℃时,货车制动性能开始受到影响;当制动器温度超过260℃时,货车丧失紧急制动的能力。

经分析,该路段货车在制动器工作状态良好,且不超载的情况下,制动器温度均未达到200℃。在超载30%的情况下，5轴和6轴货车制动器温度分别会在K82+992、K82+592处达到200℃，制动性能开始产生热衰退。

因此，K76+092～K84+174连续长陡下坡路段存在较大的事故风险，应以交通管理措施为主，并设置必要的交通工程设施。

C.3 安全设施现状分析

C.3.1 连续长陡下坡信息预告标志不足

连续长下坡相关的预告、警告等信息（图C-1）提示较少，不能给驾驶人关于连续长下坡路段全面的信息，不足以警示驾驶人做好充足准备。

a) 坡顶标志

b) 坡中段标志

图 C-1　现状连续长陡下坡相关标志

C.3.2 缺乏有效的速度控制措施

现有限速标志（图C-2）仅设置在速度控制路段的开始处，中间未重复设置。设置了路面横向振动减速标线（图C-3），但磨损较严重，使用效果不良。

a) 连续长下坡路段上游限速标志

图　C-2

b) 坡顶隧道上游限速标志　　　　　　c) 坡顶隧道下游限速标志

图 C-2　现状限速标志

图 C-3　现状振动减速标线

C.3.3　部分路段护栏防护能力不足

连续长下坡中段事故相对集中，且路侧下方为村镇，车辆一旦冲出将造成严重后果，但路侧护栏（图 C-4）防护能力不足。

图 C-4　护栏防护能力不足

C.4　交通管理措施

C.4.1　速度管理

坡前上游路段在连续长陡下坡预告标志后适当位置设置分车型限速标志，小型车限速 70km/h，大型车限速 60km/h。

坡顶起始、坡底路段适当位置设置区间测速标志（图 C-5）和监控设施，并加强执法管理，有效控制车速。

图 C-5　区间测速设施

C.4.2　电子警察

在隧道出入口、村镇、急弯等路段设置电子警察，加强超速和逆行超车执法。

C.5 工程技术措施建议

综合实地踏勘、交通运行特性分析、交通事故情况分析、货车运行情况分析、路线设计指标分析等工作,针对该连续长下坡路段,提出工程技术措施建议。

C.5.1 坡前上游路段

在坡顶隧道上游2km处设置连续长陡下坡预告标志(图C-6),预告前方连续长下坡路段情况。

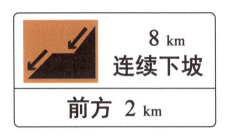

图 C-6　连续长陡下坡预告标志

C.5.2 坡顶起始路段

1　在坡顶隧道上游进口前150~250m,设置连续长陡下坡标志(图C-7),明确告知驾驶人连续长陡下坡路段长度。

图 C-7　连续长陡下坡标志

2　下坡起点1km范围内设置"货车使用低挡"等告示标志(图C-8),以指导货车驾驶人使用低挡通过下坡路段。

图 C-8　"货车使用低挡"告示标志

C.5.3 坡中路段

1 K78+811、K80+480等位置附近设置长陡下坡余长标志(图C-9),以避免驾驶人将下游缓坡路段误认为上坡而采取不当的驾驶操作。

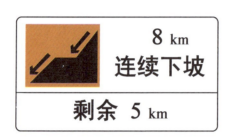

图 C-9 长陡下坡余长标志

2 急弯、村镇、平面交叉口、隧道入口等路段之前设置震动减速标线。

3 利用K80+800附近路侧闲置空地(图C-10)增设货车停车区,为货车驾驶人和车辆提供休息、检修空间。停车区内部设置长陡下坡相关信息宣传栏,告知驾驶人所处的位置、驾驶环境、安全行车建议。

图 C-10 K80+800附近路侧闲置空地

4 弯道路段前设置急弯警告标志,在道路中心施划禁止超车标线;K80、K84、K81+000~K81+600路段附近弯道外侧设置连续的双向线形诱导标,加强驾驶人视线诱导。

5 沿线弯道外侧护栏等级提高至A级,K81+000~K81+600路段外侧存在村庄、房屋、河流等易造成二次事故,护栏防护等级提升至SB级。

6 隧道出入口护栏与隧道壁之间、路侧护栏与桥梁护栏之间设置过渡,保障护栏端头和连接段范围内的防撞性能。

7 按照规范对存在安全隐患的部分护栏端头进行完善。

8 重新施划磨损严重路段的交通标线。

C.5.4 坡底路段

在 K85 附近下坡终止位置设置"连续下坡结束"标志(图 C-11)。

图 C-11 "连续下坡结束"标志

附 提升公路桥梁安全防护和连续长陡下坡路段安全通行能力专项行动方案

一、行动目的

完善在役公路桥梁防护设施，提升公路桥梁通行防护能力，降低车辆冲破桥梁护栏坠落的安全风险。全面把握现有公路连续长陡下坡路段运营安全现状，深入辨识主要风险类型和风险致因，科学评估运营安全风险等级，分类处治，采取措施，提升现有公路连续长陡下坡路段运营安全水平，达到风险可控、防范有效、运行高效的目标。

二、行动任务

(一)对照标准，全面排查。

按照交通运输部2018年11月13日印发的《关于进一步提升公路安全保障水平的通知》(交公路函〔2018〕764号)要求，对照《公路桥涵设计通用规范》(JTG D60—2015)、《公路交通安全设施设计规范》(JTG D81—2017)、《公路路线设计规范》(JTG D20—2017)、《公路安全生命防护工程实施技术指南(试行)》(交办公路〔2015〕26号，以下简称《技术指南》)等相关标准规范和技术指南，结合交通事故形态和事故伤亡情况等，对在役高速公路、普通国省干线、农村公路的桥梁防护设施和连续长陡下坡路段进行全面排查，对不符合现行规范要求的，建立基础数据库。

(二)深入分析，系统评估。

对于排查出的不符合现行标准规范的公路桥梁安全防护设施和连续长陡下坡路段，要结合桥梁结构、路线指标、交通工程设施设置、交通运行情况和交通事故特点等，组织开展运行安全风险评估工作。参照《技术指南》、《公路项目安全性评价规范》(JTG B05—2015)有关方法，从线形指标、交通工程设施、车辆组成、交通流特征、路域环境、气候条件、路况水平、运营管理等方面辨识存在的主要运行安全风险类型和致因，评估安全风险等级，研究处治措施，建立处治台账，确定处治重点。

(三)科学施策，有序实施。

对排查、评估结果和处治台账进行深入分析，结合现有专项工作，分轻重缓急，分不同处治措施制定整治方案，确定整治目标和任务，有序开展整治工作，逐步提升公路桥梁防护设施和连续长陡下坡路段安全保障能力。

三、行动措施

(一)加强组织领导。部将成立专项行动工作组,负责总体工作的指导协调。各省级交通运输主管部门要按照本通知要求,成立由分管领导负责的领导小组,分解落实工作任务,细化工作措施,精心组织有关单位共同推动工作有序开展,及时协调解决过程中的问题。

(二)加强技术指导。公路桥梁防护设施设置、公路连续长陡下坡路段安全风险的排查辨识、评估处治需要具有专业技术能力的机构,多个专业综合、多个部门协作完成。为保证工作实效,部委托部公路科学研究院、中交第一公路勘察设计院有限公司作为技术支持单位,加强技术指导,提供技术支撑。各省级交通运输主管部门也要委托相关技术单位,加强技术指导。技术支持单位要深入现场,积极配合各级交通运输主管部门、公路管理机构和收费公路运营管理单位,及时研究解决重大技术问题。

(三)强化督导检查。各省级交通运输主管部门要建立工作任务台账,注重加强工作进度督查和工作效果评估总结。建立工作动态和信息跟踪报送制度,确定工作联络员,于2018年12月20日前将排查情况、2019年5月底前将评估结果和处治台账报部公路局。部将根据各地工作实时进展,研究落实资金,适时组织技术支持单位开展督导检查,强化动态跟踪和技术指导,确保工作任务落实到位。

四、行动要求

(一)2018年12月底前,组织开展公路桥梁护栏和连续长陡下坡路段运行状况的全面排查,建立基础数据台账。

(二)2019年5月底前,各地组织专业技术力量对排查台账逐一进行辨识评估,研究处治措施,提出处治时序,估算资金需求,建立处治台账,明确处治重点。

(三)部根据全国排查、评估结果,研究提出全国整治方案,确定完成时限,明确整治目标和任务。各地根据部的总体部署和要求,制定并下发本地区工作方案,明确目标任务,细化责任分工,建立工作机制,确保整治工作顺利完成。